Inhalt

D1719101

Liebe Lehrerinnen und Lehrer,

bis zum Ende der Klasse 3 verfügen Ihre Schüler über sichere Grundkenntnisse und Grunderfahrungen beim Mathematiklernen. Sie haben ausreichende Zahlvorstellungen und können sich im Zahlenraum bis 1000 gut orientieren. Zu allen vier Rechenoperationen verfügen sie über Handlungsvorstellungen und können Aufgaben auf unterschiedlichen Wegen sicher lösen. Sie kennen die ersten schriftlichen Rechenverfahren. Sie haben Sicherheit im Umgang mit Geld, Längen und der Zeit erworben. In der Geometrie können sie lineare, ebene und räumliche Figuren voneinander unterscheiden und achsensymmetrische Figuren erkennen und herstellen.

Es gibt aber auch in der vierten Klasse Kinder, die noch zählende Rechner sind. Sie haben keine ausreichenden Zahlvorstellungen entwickelt und den Aufbau des Zahlenraumes bis 1000 nicht verstanden. In der Geometrie und bei der Arbeit mit Größen versuchen sie, Unverstandenes auswendig zu lernen. Ursachen für diese Probleme lassen sich häufig auf Entwicklungsverzögerungen in für das Mathematiklernen wichtigen Fähigkeiten wie der Vorstellungsfähigkeit, Abstraktionsfähigkeit und Orientierungsfähigkeit zurückführen. Solche Entwicklungsverzögerungen zeigen sich sowohl im mathematischen als auch im außermathematischen Bereich. Sie müssen in beiden Bereichen erkannt und aufgearbeitet werden, um Lernschwierigkeiten zu überwinden.

Die **Diagnose-Förder-Materialien** sollen Sie **unterstützen, Voraussetzungen der Kinder für den Mathematikunterricht** der jeweils angegebenen Klassenstufe **zu erfassen, Entwicklungsverzögerungen festzustellen** und ein **sicheres Fundament** zum Erlernen der mathematischen Inhalte bei allen Kindern **zu schaffen**.

Je nach Einsatz der Materialien können sie zur **Diagnose** genutzt werden, zum Beispiel
- zu Beginn des Schuljahres, um schnell einen Überblick über den aktuellen Stand der Schüler zu erhalten, oder
- schuljahresbegleitend, um Ursachen für Lernschwierigkeiten bei einzelnen Kindern aufzudecken,

und zum **Fördern** verwendet werden, zum Beispiel
- um ein gutes Ausgangsniveau für den Unterricht bei allen zu sichern, oder
- um Ursachen für Lernschwierigkeiten bei einzelnen Kindern aufzuarbeiten.

Das Material enthält Arbeitsblätter mit mathematischen und mit außermathematischen Inhalten. Sie dienen zum Erfassen und Aufarbeiten der Voraussetzungen der Schüler für die jeweils angegebene Klassenstufe und können lehrplan- und lehrbuchunabhängig sowohl im Unterricht als auch im Förderunterricht und zu Hause genutzt werden. Stärken und Schwächen der Kinder zeigen sich beim Lösen der Aufgaben und beim Reflektieren mit ihnen über ihr Vorgehen. So erhalten Sie wertvolle Informationen über Aufgabenverständnis, Strategien und Denkwege der Kinder.

Die Auswahl der Aufgaben beruht auf Erfahrungen der Mitarbeiter der PAETEC Institute für Lerntherapie, die mit rechenschwachen Kindern aller Altersstufen arbeiten. Am Ende des Materials finden Sie Hinweise zur Auswahl der Aufgaben, zu den Inhalten und zur weiteren Förderung von Kindern mit Lernschwierigkeiten im Mathematikunterricht der Klasse 4.

Andrea Schulz

Dr. Andrea Schulz
Herausgeberin der Reihe Diagnose-Förder-Materialien für den Mathematikunterricht
Leiterin des Systems der PAETEC Institute für Lerntherapie der PAETEC Gesellschaft für Bildung und Technik mbH

Wie viele sind es? Schätze und Zähle!

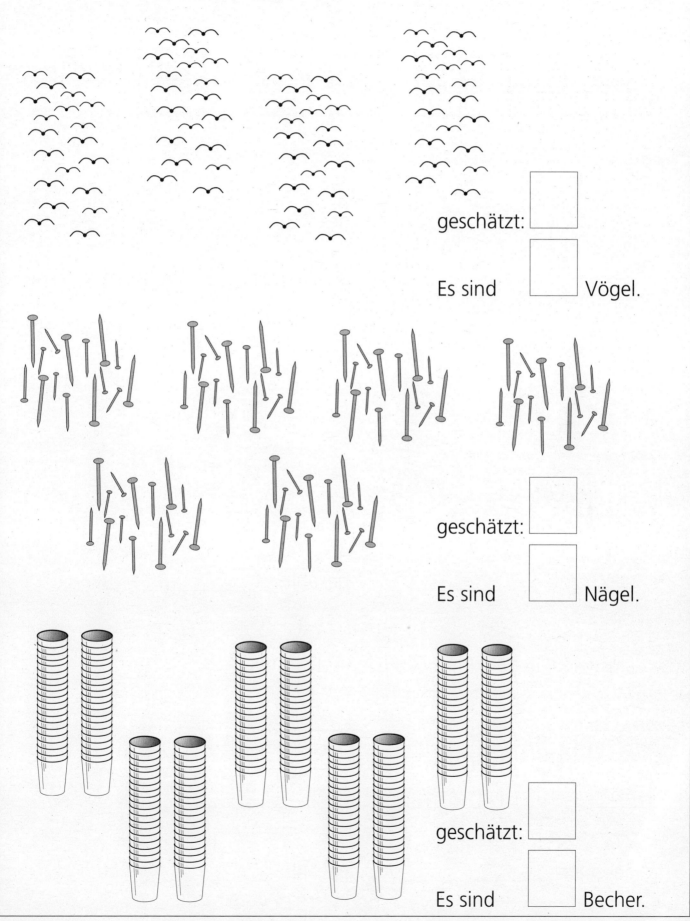

geschätzt: ☐

Es sind ☐ Vögel.

geschätzt: ☐

Es sind ☐ Nägel.

geschätzt: ☐

Es sind ☐ Becher.

1. Schätze die Anzahl der Punkte! Zähle!

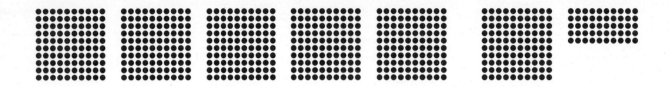

geschätzt: _____   gezählt: _____

2. Schätze, wie viel Geld das ist! Zähle!

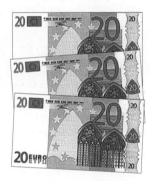 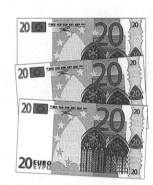 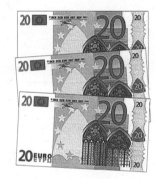 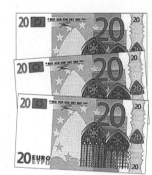

geschätzt: _____   gezählt: _____

3. Schätze, wie viele Kästchen das sind! Zähle!

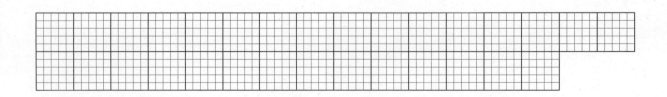

geschätzt: _____   gezählt: _____

Schätzen, Überschlagen, Zählen

Kreuze an, in welcher Geldtasche mehr Geld ist!

1.

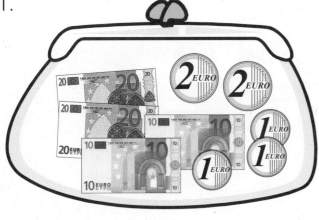 

2.

3.

 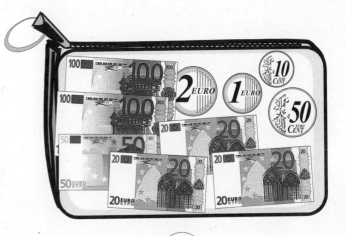

Wie viele Würfel sind es? Baue nach!

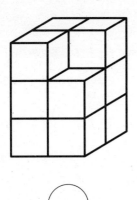

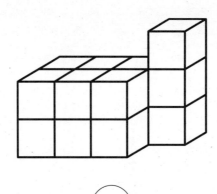

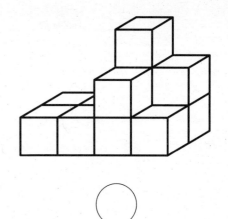

◯ ◯ ◯

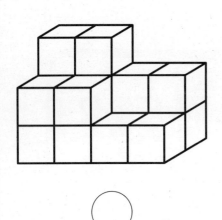

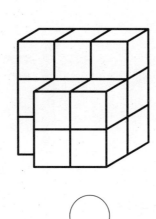

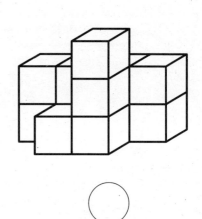

◯ ◯ ◯

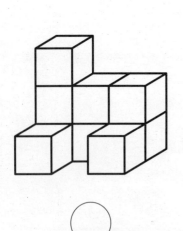

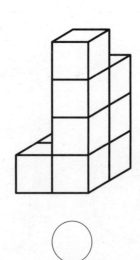

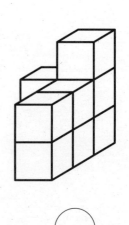

◯ ◯ ◯

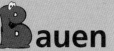

Die Kisten sollen mit Würfeln gefüllt werden. Wie viele Würfel fehlen in jeder Kiste?

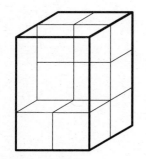

Es fehlen _____ Würfel.

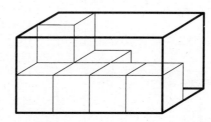

Es fehlen _____ Würfel.

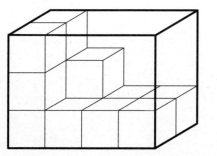

Es fehlen _____ Würfel.

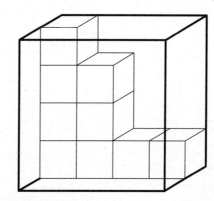

Es fehlen _____ Würfel.

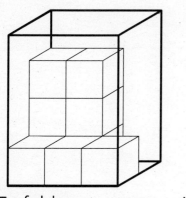

Es fehlen _____ Würfel.

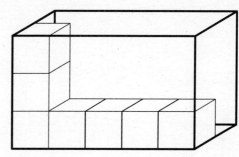

Es fehlen _____ Würfel.

Nico hat Würfelbauten aus mehreren Richtungen fotografiert.
Welche Bildunterschrift gehört zu welchem Bild? Ordne zu!

von oben

von vorn

von rechts

von oben

von vorn

von rechts

von oben

von vorn

von rechts

Zeichne zu den Würfelbauten jeweils die Ansicht
von oben! Baue nach und kontrolliere!

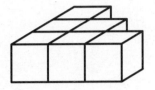

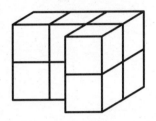

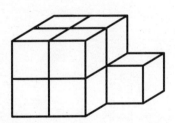

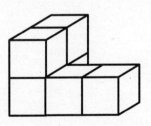

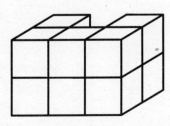

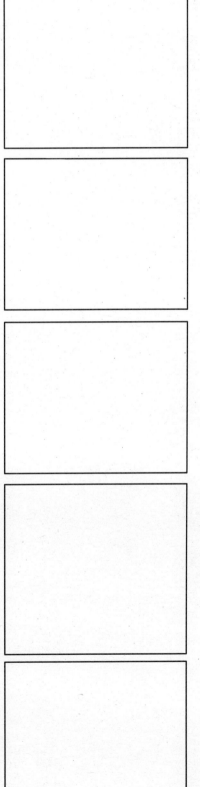

Schreibe auf, wie viel Taschengeld jedes Kind in der Woche bekommt!
Vergleiche! Wer bekommt am meisten, wer bekommt am wenigsten?

Lena

_____ €

Tom

_____ €

Paul

_____ €

Luise

_____ €

am meisten: _____   am wenigsten: _____

Vergleichen

Vergleiche die Ergebnisse beim Weitsprung!
Wer belegte die ersten drei Plätze?

3 m und 20 cm

Ilka

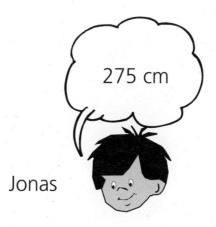

275 cm

Jonas

329 cm

Moritz

3,50 m

Peter

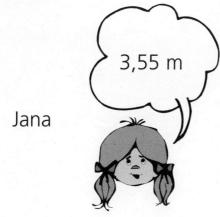

3,55 m

Jana

3 m und 19 cm

Sandra

Sieger _____

2. Platz _____

3. Platz _____

Schreibe die dargestellten Zahlen auf!
Vergleiche die Zahlen und setze das richtige Zeichen **<**, **>** oder **=** !

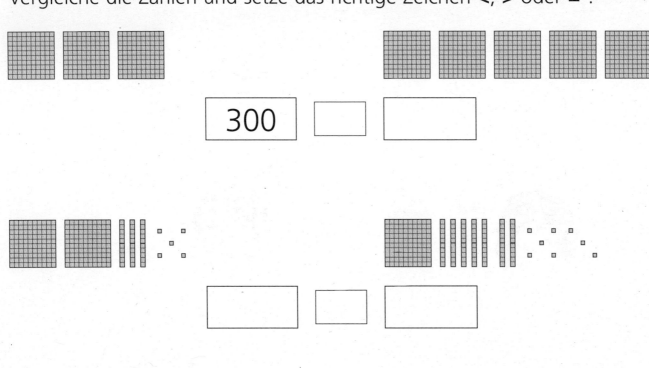

300

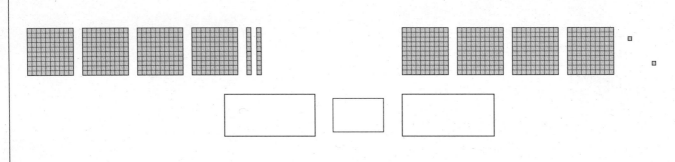

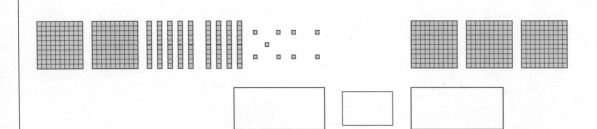

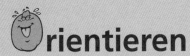

Male jeweils aus:

- den rechten Arm blau,

- das rechte Knie gelb,

- das linke Bein grün,

- die linke Schulter rot!

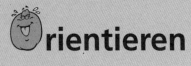

Übertrage die Figuren in die leeren Punktraster!

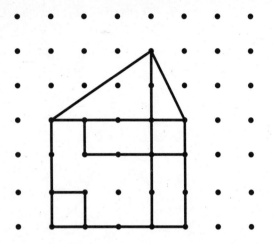

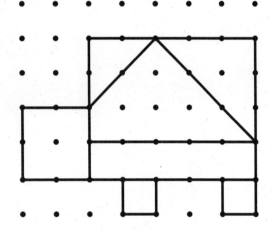

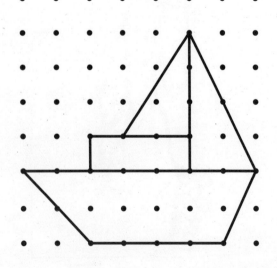
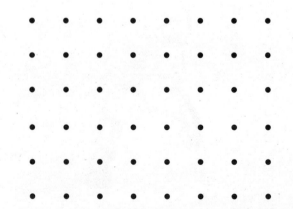

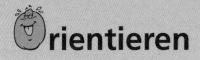

Zeichne:

- links neben das kleine Dreieck ein kleines Viereck,

- rechts oben ein großes Dreieck,

- in den großen Kreis ein kleines Rechteck,

- über das große Quadrat einen kleinen Kreis,

- links unten ein großes Fünfeck,

- zwischen dem großen Kreis und dem großen Dreieck ein kleines Fünfeck!

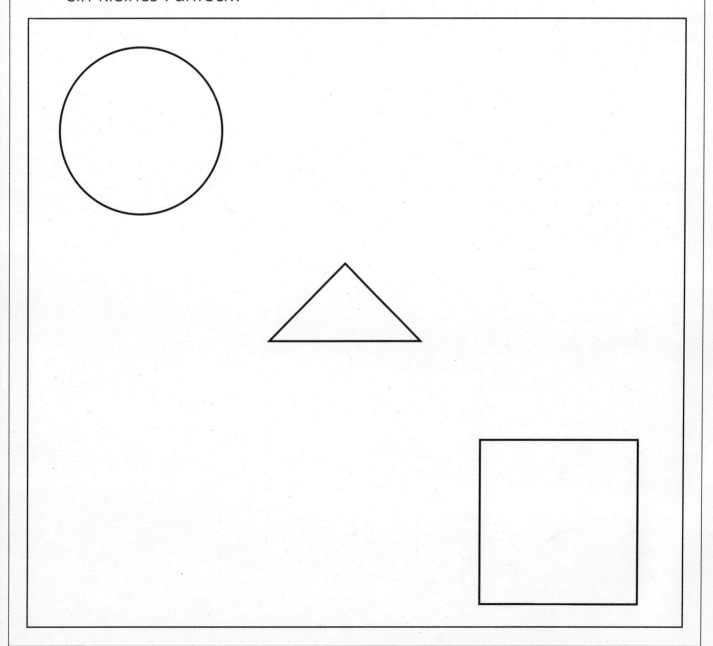

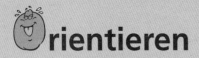

1. Das sind Ausschnitte aus der Hundertertafel.
    Trage folgende Zahlen richtig ein:

    36, 67, 48, 55, 66!   72, 65, 92, 86, 75!

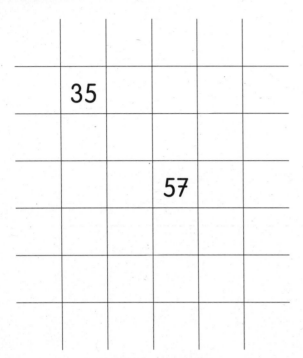

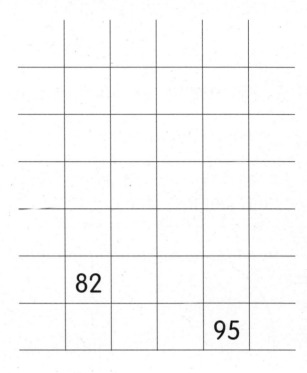

2. Das sind Ausschnitte aus der Hundertertafel.
    Trage in die grauen Felder die richtigen Zahlen ein!

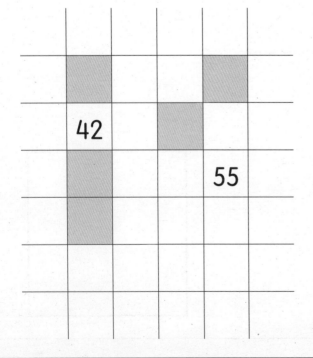

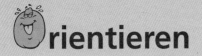

1. Lege mit dem Arbeitsmaterial eine Tausendertafel*!
   Zeige, wo folgende Zahlen stehen müssten:

   105, 256, 755, 999, 435, 822!

2. Zeige zu den Zahlen aus Aufgabe 1 Vorgänger und Nachfolger an der Tausendertafel!
   Ergänze die Tabelle!

Vorgänger	Zahl	Nachfolger
	105	
	256	
	755	
	999	
	435	
	822	

3. Zeige folgende Zahlen an der Tausendertafel:

   145, 715, 429!

   Zähle von diesen Zahlen an erst in Zehnerschritten und dann in Hunderterschritten vorwärts und rückwärts an der Tausendertafel!

* Das Arbeitsmaterial befindet sich auf der 3. Umschlagseite.

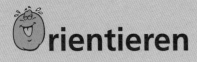

1. Das sind Ausschnitte aus der Tausendertafel.
   Trage folgende Zahlen richtig ein:

   224, 245, 243, 236!   856, 877, 865, 858!

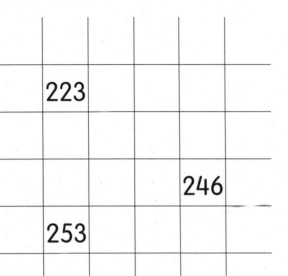

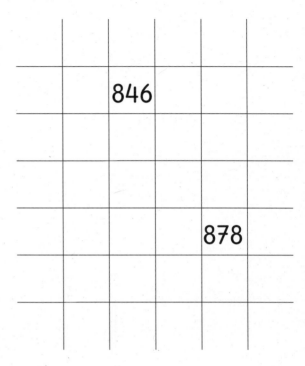

2. Das sind Ausschnitte aus der Tausendertafel.
   Trage in die grauen Felder die richtigen Zahlen ein!

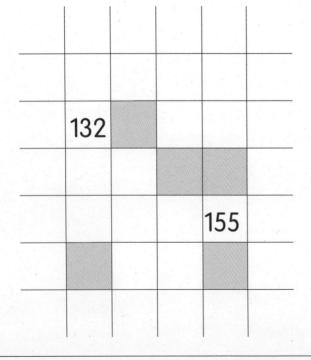

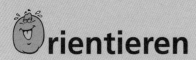 # rientieren

Schreibe folgende Zahlen an ihren ungefähren Platz!

1. 50, 37, 73, 10, 1, 90

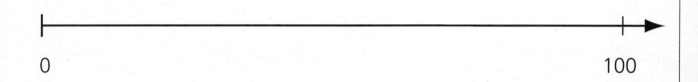

0   100

2. 75, 80, 90, 55, 60, 95

50   100

3. 500, 100, 750, 900, 200, 950

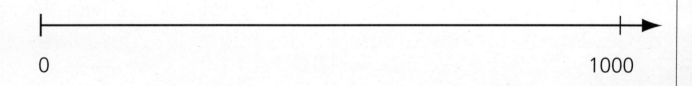

0   1000

4. 750, 900, 800, 600, 700, 950

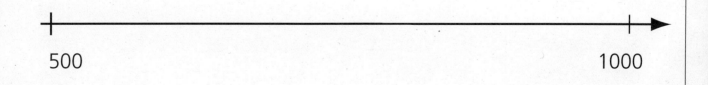

500   1000

Schneide die Karten aus! Ordne die Karten einander zu und bringe sie in eine geeignete Reihenfolge!

Oktober	Juni	Februar	August
April	Juli	Dezember	März
November	Januar	Mai	September
1. Monat des Jahres	2. Monat des Jahres	3. Monat des Jahres	4. Monat des Jahres
5. Monat des Jahres	6. Monat des Jahres	7. Monat des Jahres	8. Monat des Jahres
9. Monat des Jahres	10. Monat des Jahres	11. Monat des Jahres	12. Monat des Jahres

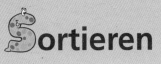

Schneide die Karten aus! Sortiere sie!
Suche verschiedene Möglichkeiten zu sortieren!

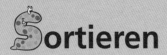

Schneide die Karten aus! Sortiere die Karten nach der Größe der Dreiecke! Beginne mit dem kleinsten Dreieck!

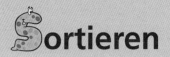

Schneide die Karten aus! Ordne die Längen!
Beginne mit der kleinsten Länge!

1 km	**900 m**	**300 cm**
25 m	**250 m**	**600 m**
600 cm	**5 m**	**700 cm**
10 m	**100 m**	**10 cm**

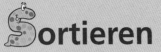

Schneide die Karten aus! Sortiere die Dinge nach ihrem Preis!
Beginne mit dem billigsten!

Schulheft *0,50 €*	**Füller** *4,80 €*	**Federtasche** *7,00 €*
Radiergummi 35 Cent	**Buntstifte** (1 Packung) *2,00 €*	**Farbkasten** *5,98 €*
Zeichenblock 99 Cent	**Spitzer** *0,76 €*	**Bleistift** 15 Cent
Geometrie-Set (Lineal, Dreieck, Winkelmesser) *1,00 €*	**Klebestift** 1 € 48 Cent	**Bastelschere** *1,25 €*

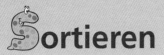

Schneide die Karten aus! Stelle dir vor, wie schwer die Dinge sind!
Sortiere, beginne mit dem leichtesten!

Suche zu jeder Zeile einen passenden Oberbegriff!

Oberbegriff _____

   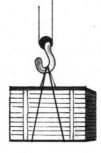 

Oberbegriff _____

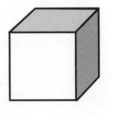  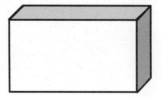  

Oberbegriff _____

Zusammenhänge erkennen

Welches der 4 rechten Bilder passt zu den 3 Bildern auf der linken Seite?
Begründe!

40	35	13	25
15		16	52

1. Zeichne die fehlenden Figuren ein! Achte dabei auf Form, Größe und Farbe (Muster)! Begründe!

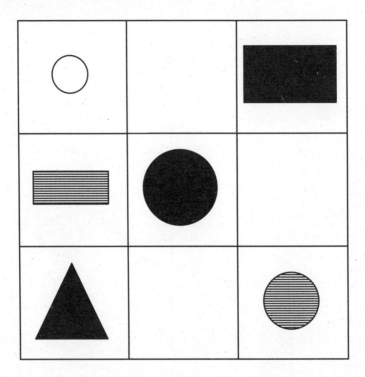

2. Fülle die leeren Felder aus! Die Summe in jeder Zeile, Spalte und Diagonale soll gleich sein! Begründe!

3	11	4
	6	5
8		9

1. Setze die Reihen fort!

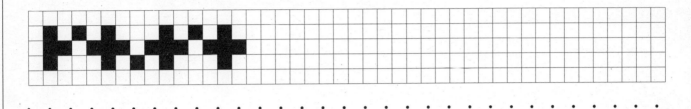

10   30   50   70 __ __ __ __

90   87   84   81 __ __ __ __

2. Finde den Fehler in den Reihen!

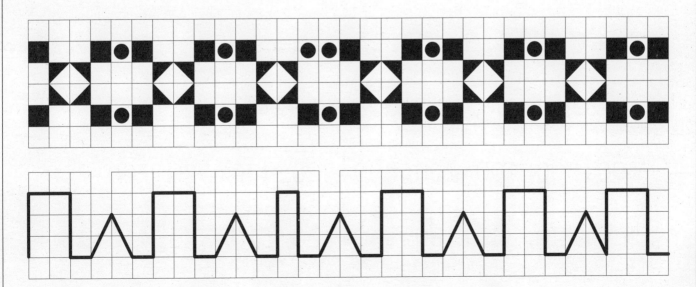

120 220 320 420 250 620 720

Zusammenhänge erkennen

1. In jeder Zeile passt eine Zahl nicht zu den anderen. Kennzeichne sie! Begründe die Auswahl!

52	5	25	50	55
21	7	64	49	35
100	300	50	200	800
120	430	716	250	840
238	472	615	526	344

2. In jeder Zeile passt eine Aufgabe nicht zu den anderen. Kennzeichne sie! Begründe die Auswahl!

3+4; 63+4; 300+400; 20+30; 30+40

7-5; 6-4; 8-6; 3-9; 5-2

70-20; 40+50; 30-20; 70-30; 80-40

300+500; 100+200; 400+300; 420+320; 700+200

520+240; 340+180; 360+220; 610+340; 410+150

Zahlen vorstellen

1. Welche Zahlen sind dargestellt? Schreibe sie daneben!

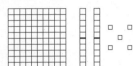 _____   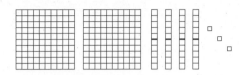 _____

□□□□|:∴: _____   □□□||||| ||·. _____

□□□||||| |||| _____   □□□□□ :: _____

2. Stelle die Zahlen als Bilder dar!

124

357

650

708

468

835

ahlen vorstellen

Schneide die Karten aus! Lege passende Karten zusammen!

die Hälfte von 1000	das Doppelte von 100	der vierte Teil von 100
die Hälfte von 100	das Sechsfache von 100	der vierte Teil von 1000
250	500	20
600	50	200

32

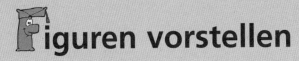

Schneide die Karten aus! Immer 4 Karten passen zusammen!
Sortiere und begründe!

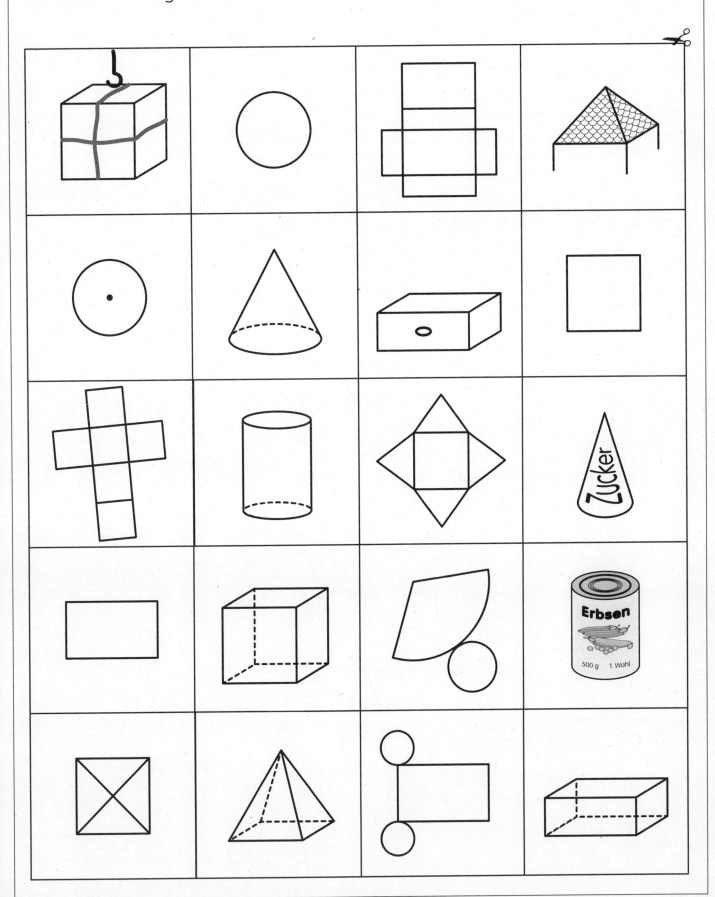

Max hat mit Bausteinen gebaut und Ansichten gezeichnet. Schreibe auf, aus welcher Richtung er das Bauwerk jeweils angesehen hat!

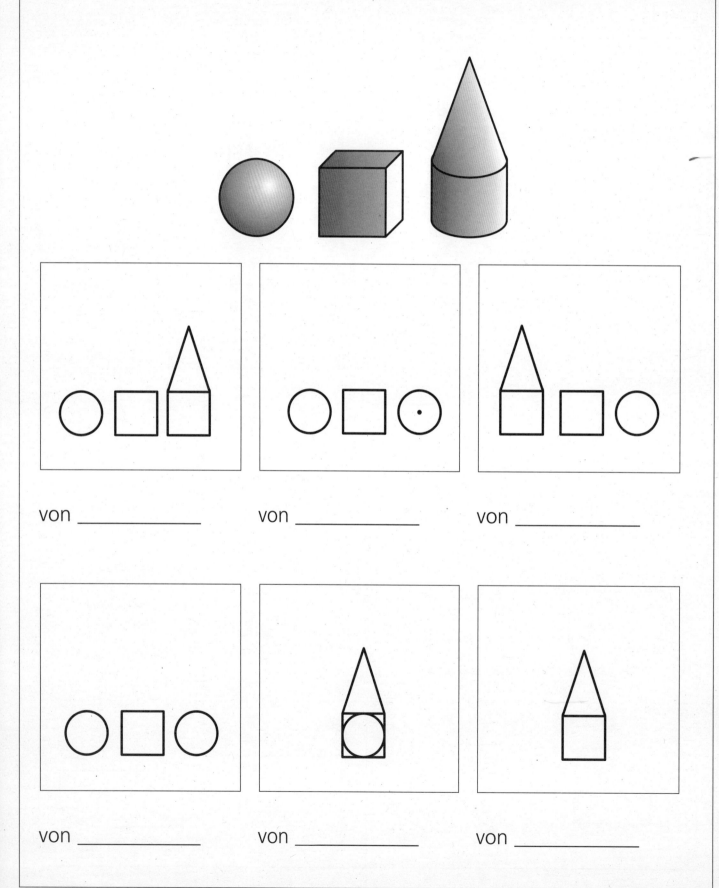

von _____

von _____

von _____

von _____

von _____

von _____

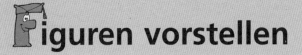

Lege die Figuren mit Stäbchen nach!
Welche geometrischen Formen findest du?

1.

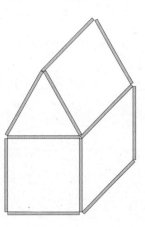

geometrische Formen: _____

2.

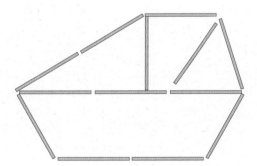

geometrische Formen: _____

3.

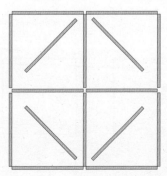

geometrische Formen: _____

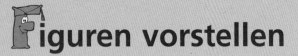

Fülle mit den Formen unten die Figuren aus! Zeichne oder lege!

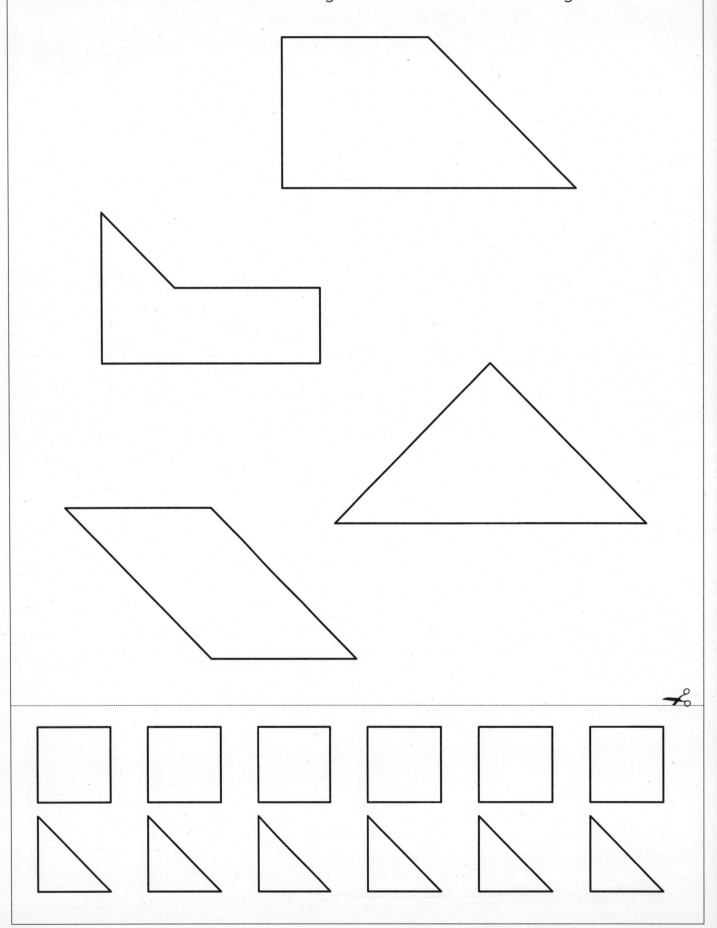

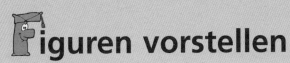 **iguren vorstellen**

Welche Figuren sind symmetrisch? Kreuze sie an!
Prüfe mit einem Spiegel! Zeichne Symmetrieachsen ein!

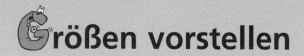

Wie viel Geld fehlt den Kindern an 10 Euro?
Schreibe den fehlenden Betrag auf und zeichne!

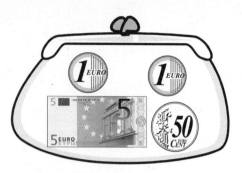

Lena fehlen

_____

Ali fehlen

_____

Sara fehlen

_____

Max fehlen

_____

Größen vorstellen

1. Welcher Geldbetrag ist aufgezeichnet? Zeichne rechts daneben den doppelten Betrag! Wieviel ist das?

Das sind _____ €.   Das sind _____ €.

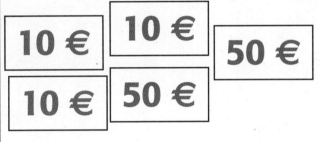

Das sind _____ €.   Das sind _____ €.

2. Die Spielsachen kosten nur noch die Hälfte.
   Schreibe die neuen Preisschilder fertig!

alter Preis: 24,00 €   alter Preis: 14,80 €   alter Preis: _____ €

neuer Preis: _____ €   neuer Preis: _____ €   neuer Preis: 9,50 €

alter Preis: _____ €   alter Preis: 380,00 €   alter Preis: _____ €

neuer Preis: 26,00 €   neuer Preis: _____ €   neuer Preis: 125,00 €

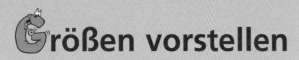

Ordne die Längenangaben den Gegenständen zu!

1,80 m		**20 cm**
30 cm		
	5 cm	**2 m**
150 m	Federtasche	
	40 cm	**9 cm**
		1,50 m

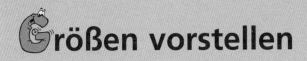

Wie lange dauert es? Ordne zu!

Zähne putzen	10 Stunden
90 Minuten	Mittag essen
eine halbe Stunde	6 km wandern
in der Nacht schlafen	4 Minuten
6 Stunden	in der Schule sein
50 m rennen	10 Sekunden
Nudeln kochen	10 Minuten

Größen vorstellen

Vervollständige die Uhren und ergänze die Zeiten!

Es vergehen

→

30 Minuten.

Es ist _____

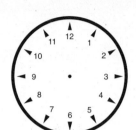

Es ist _____

Es vergehen

→

2 Stunden.

Es ist _____

Es ist _____

Es vergehen

→

eine Stunde
und 10 Minuten.

Es ist ___7.20 Uhr.___

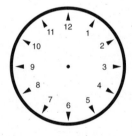

Es ist _____

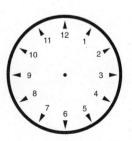

Es vergehen

→

_____

Es ist ___14.45 Uhr.___

Es ist _____

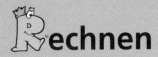

Die Summe zweier Zahlen soll 100 sein.
Lege passende Karten zusammen und rechne!

70	**25**	**60**
72	**40**	**35**
65	**66**	**30**
75	**34**	**28**

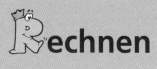
Die Summe zweier Zahlen soll 1000 sein.
Lege passende Karten zusammen und rechne!

300	**180**	**650**
550	**620**	**820**
350	**700**	**900**
380	**100**	**450**

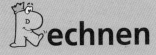 # Rechnen

1. Suche alle Aufgaben heraus, deren Ergebnis du sofort angeben kannst!

2. Löse die anderen Aufgaben! Erkläre oder schreibe auf, wie du gerechnet hast!

70 + 8 = ☐	8 + 6 = ☐
86 - 40 = ☐	46 – 6 = ☐
36 + 20 = ☐	57 + 25 = ☐
61 + 29 = ☐	62 – 46 = ☐

1. Suche alle Aufgaben heraus, deren Ergebnis du sofort angeben kannst!

2. Löse die anderen Aufgaben! Erkläre oder schreibe auf, wie du gerechnet hast!

$300 + 25 =$ ☐	$430 + 15 =$ ☐
$925 - 349 =$ ☐	$800 - 200 =$ ☐
$500 + 300 =$ ☐	$637 - 37 =$ ☐
$728 + 136 =$ ☐	$225 - 99 =$ ☐

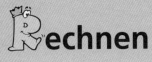
Pit hat sein Material zum Teil zugedeckt. Zeichne und schreibe auf, was unter dem Tuch liegt!

1.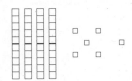

Insgesamt habe ich 70.

| 46 | + | | = | 70 |

2.

Insgesamt habe ich 94.

| | + | | = | 94 |

3.

Insgesamt habe ich 260.

| | + | | = | 260 |

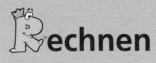

Schreibe passende Malaufgaben zu den Bildern!

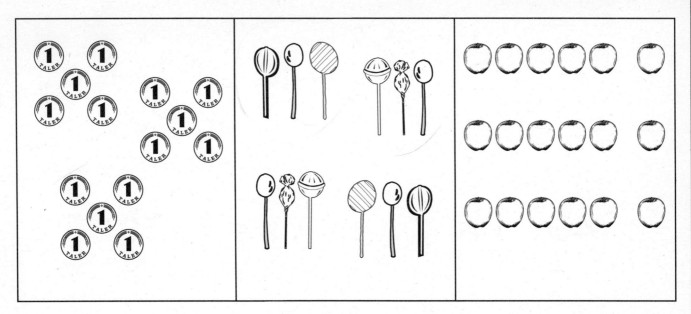

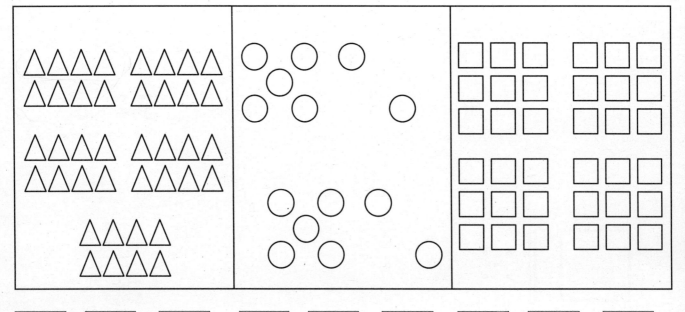

☐ · ☐ = ☐   ☐ · ☐ = ☐   ☐ · ☐ = ☐

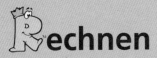echnen

Zeichne Bilder zu den Aufgaben und löse die Aufgaben!

3 · 2 =	5 · 4 =	2 · 7 =

4 · 6 =	3 · 9 =	4 · 8 =

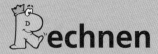

Löse die Aufgaben und ordne das passende Ergebnis zu!
Zeichne Pfeile ein!

7 · 3	24
4 · 6	45
5 · 9	21
8 · 8	45
9 · 5	48
6 · 8	64
9 · 7	63

Hinweise

Zum Aufbau der Arbeitsblätter

Schwerpunkt des Mathematikunterrichts der Klasse 4 ist der Ausbau des Zahlenraumes bis eine Million. Die Kinder entwickeln ihre Zahlvorstellungen weiter und orientieren sich im Zahlenraum. Ihre bekannten Rechenstrategien aus dem Tausenderraum werden übertragen. Sie lernen weitere schriftliche Rechenverfahren kennen. Ihre Fähigkeiten im Sachrechnen und in der Geometrie werden weiterentwickelt. Bei der Arbeit mit Größen kommen die Größenbereiche Masse (umgangssprachlich Gewicht genannt) und Volumen hinzu.

Um erfolgreich im Mathematikunterricht zu arbeiten, benötigen die Kinder gut entwickelte Fähigkeiten wie Vorstellungsfähigkeit, Abstraktionsfähigkeit und Orientierungsfähigkeit und sichere Grundlagen aus den Klassen 1 bis 3. Die Arbeitsblätter dienen sowohl zum Erkennen des Entwicklungsstandes der Fähigkeiten und der vorhandenen mathematischen Grundlagen als auch zum Fördern der weiteren Entwicklung. Zu jeder Fähigkeit sind unterschiedliche Schwerpunkte mit außermathematischen und mathematischen Inhalten ausgewählt:

Entwicklung der Vorstellungsfähigkeit
- Schätzen, Überschlagen, Zählen
- Bauen
- Zahlen vorstellen
- Figuren vorstellen
- Größen vorstellen
- Rechnen

Entwicklung der Abstraktionsfähigkeit
- Vergleichen
- Sortieren
- Zusammenhänge erkennen

Entwicklung der Orientierungsfähigkeit
- Orientieren durch Unterscheiden von Lagebeziehungen wie rechts, links, oben, unten, vorn, hinten, vor, nach, in, auf, zwischen ... und ...
- Orientieren im Zahlenraum

Alle Arbeitsblätter dienen darüber hinaus zur Entwicklung der Wahrnehmung der Kinder. Wahrnehmung ist abhängig von Erfahrung und Wissen. Wer mehr weiß, nimmt mehr wahr. Um die Aufgaben auf den Arbeitsblättern richtig zu erfüllen, ist eine genaue Wahrnehmung unerlässlich. Deshalb enthalten die Diagnose-Förder-Materialien keine gesonderten Arbeitsblätter mit der Überschrift „Wahrnehmung".

Hinweise auf Schwierigkeiten einzelner Kinder erhält man durch die **Aufgabenlösung** (Für welche Lösung hat sich das Kind entschieden? Ist die Lösung richtig oder falsch? Kann das Kind die Lösung begründen?) und durch das Beobachten des Kindes im **Lösungsprozess** (Wie ist das Kind vorgegangen? Benötigte es Hinweise zum Lösen der Aufgabe? Kann das Kind sein Vorgehen erklären? Weiß es mehrere Lösungswege?).
Hilfen können auf unterschiedlichen Ebenen gegeben werden:
- Das Kind erhält Hinweise zum Lösen und probiert das Vorgehen an weiteren Arbeitsblättern zum gleichen Schwerpunkt aus.
- Das Kind sammelt erst Erfahrungen auf der gegenständlichen Ebene und bearbeitet danach weitere Arbeitsblätter zum gleichen Schwerpunkt.

Zum Einsatz der Arbeitsblätter

Schätzen, Überschlagen, Zählen (S. 3 bis 5)

Im Mittelpunkt der Aufgaben steht das sinnvolle Schätzen und Überschlagen von Anzahlen und das Zählen von Dingen durch Erkennen und Nutzen von Strukturen. Überblicken die Kinder, dass innerhalb einer Aufgabe mehrmals die gleiche Anzahl von Dingen gegeben ist (Arbeitsblatt 3 und 4)? Dann würde es genügen, dass sie eine Teilmenge auszählen und in entsprechenden Sprüngen weiterzählen oder die Gesamtzahl der Dinge additiv bzw. multiplikativ ermitteln.

Beim Arbeitsblatt 5 wird durch sinnvolles Überschlagen das genaue Zählen des Geldes überflüssig. Es ist nur nach dem höheren Betrag gefragt. Wie begründen die Kinder ihre Entscheidung? Wie gehen sie beim Zählen vor, wenn sie dennoch den genauen Betrag ermitteln wollen? Die Beispiele auf den Arbeitsblättern sind so ausgewählt, dass sich unterschiedliche Sprünge zum Zählen nutzen lassen, zum Beispiel Zwanziger-, Fünfzehner-, Vierziger- und Hundertersprünge. Nutzen die Kinder solche Sprünge zum Zählen oder bilden sie lieber Additions- bzw. Multiplikationsaufgaben? Welche Zählsprünge gelingen ihnen gut, welche bereiten Mühe? Um vorgegebene Zählsprünge zu nutzen, muss man die Struktur des Zahlenraumes erfasst haben, damit man sicher über die Zehner- bzw. Hunderterübergänge kommt.

Hinweise zum Fördern. Sicheres Zählen setzt Kenntnisse über Zahlbildung und Struktur des Zahlenraumes voraus. Oft kann man bei Kindern Unsicherheiten an den Übergängen (Zehner- und Hunderterübergänge) beobachten. Eine Förderung sollte sich dann zunächst auf das Zählen in Einerschritten konzentrieren. Dazu können beliebige Zahlen mit den Arbeitsmaterialien der hinteren Umschlagseite gelegt werden. Dann wird in Einerschritten gezählt und gelegt, sodass die Kinder Erfahrungen auf der enaktiven Ebene sammeln können, wie sich eine Zahl verändert. Die gleichen Erfahrungen sollten dann beim Zählen in Zehner- oder Hundertersprüngen (vorwärts und rückwärts) aufgebaut werden. Wie verändert sich eine Zahl, wenn immer eine Zehnerstange (Zehnerstreifen) oder Hunderterplatte (Hunderterquadrat) hinzu oder weg kommt.

Bauen (S. 6 bis 9)

Bei den Aufgaben sollen die Kinder Würfelbauten räumlich wahrnehmen, sie von unterschiedlichen Seiten betrachten bzw. in der Vorstellung verändern können, Strukturen erkennen und zum Zählen und Bauen nutzen. An den Strategien der Kinder kann man sehen, ob sie verdeckte Würfel erfassen und sich das Zählen der Würfel durch das Ausnutzen von Strukturen erleichtern. Das Nachbauen der Würfelbauten bei Arbeitsblatt 6 und 9 kann mit oder ohne Vorlage erfolgen, sodass man noch zusätzliche Hinweise auf Gedächtnis, Konzentration und Orientierung der Kinder erhält.

Hinweise zum Fördern. Kinder, die noch Probleme mit Würfelbauten haben, sollten Erfahrungen zunächst an vorgegebenen Bauwerken auf der enaktiven Ebene sammeln. Einfache Bauwerke sollten betrachtet, beschrieben und die einzelnen Würfel gezählt werden. Danach sollten die Bauwerke von vorn, von oben und von der Seite gezeichnet werden. Dann wird die ermittelte Anzahl Würfel zurecht gelegt und das untersuchte Bauwerk zugedeckt. Aus dem Gedächtnis wird es nachgebaut und zunächst durch Tasten kontrolliert, ob es mit dem vorgegebenen Bauwerk übereinstimmt. Nach und nach sollten die Kinder lernen, Würfelbauten auf Zeichnungen zu erkennen bzw. Zeichnungen zu Würfelbauten anzufertigen. Dabei sollte auf das Nutzen von Strukturen geachtet werden, damit nicht jeder einzelne Würfel gezählt werden muss.

Vergleichen (S. 10 bis 12)

Bei den Arbeitsblättern 10 und 11 sind Größen (Geld und Längen) zu vergleichen. Das Geld muss vor dem Vergleich gezählt werden, die Längen müssen entweder vorgestellt oder in eine Einheit umgerechnet werden. Beim Arbeitsblatt 12 sollen Anzahlen verglichen werden. Es ist von allen anderen Eigenschaften wie Form, Lage, Anordnung abzusehen. Trotzdem fällt es Kindern häufig leichter, Zahlen nach der Größe zu vergleichen, wenn sie als Bild dargestellt sind. Interessant bei der Lösung aller Aufgaben sind die Strategien der Kinder: Welches Vorgehen wählen sie? Welche Erfahrungen bringen sie ein? Wie bereiten sie ihre Entscheidungen vor und wie begründen sie ihre Lösung?

Hinweise zum Fördern. Kinder, die bisher wenig Größenvorstellungen entwickelt haben, tun sich bei diesen Aufgaben sehr schwer. Häufig kann man dann ein Raten beobachten oder das Ausgehen von einem äußerlichen Gesamteindruck. Sie sollten bei einer Förderung zunächst nur zwei Dinge hinsichtlich Größe, Form, Lage, Beschaffenheit, ... vergleichen und ihr Vorgehen begründen. Beim Größenvergleich können die Dinge noch direkt aneinander gehalten werden, erst später wird in der Vorstellung verglichen.

Orientieren (S. 13 bis 19)

Mit den Arbeitsblättern 13 bis 15 wird erfasst, ob Kinder rechts und links am fremden Körper und in der Ebene richtig anwenden können und ob sie sich im Raster zweckmäßig orientieren. Die Arbeitsblätter 16 bis 19 erfassen die Orientierung im symbolischen Bereich, im Zahlenraum. Eine sichere Orientierung im Zahlenraum ist Grundlage zur Entwicklung vorteilhafter Zahlvorstellungen und effektiver Rechenstrategien. Kinder, die sich im Hunderterraum gut orientieren (Arbeitsblatt 16), können ihre Kenntnisse auch in den Tausenderraum übertragen (Arbeitsblätter 17 und 18). Es sind die gleichen Strukturen zu erkennen: Wo stehen der Vorgänger und der Nachfolger einer Zahl, welche Zahl ist über oder unter einer gegebenen Zahl angeordnet? Arbeitsblatt 19 erfasst die Orientierung der Kinder am Zahlenstrahl. Hier sollen sie die ungefähren Plätze der Zahlen bestimmen.

Hinweise zum Fördern. Kommen die Kinder mit den Aufgaben auf den Arbeitsblättern nicht zurecht, muss ihre Orientierungsfähigkeit vor allem auch im außermathematischen Bereich überprüft werden. Dazu sind Übungen zur Entwicklung des eigenen und fremden Körperschemas hilfreich, zum Beispiel: Zeige deinen rechten Zeigefinger, lege deine linke Hand auf meine linke Schulter u. Ä. Anschließen sollten sich Orientierungsübungen im Raum und in der Ebene, zum Beispiel: Anordnen bzw. Zeichnen von Gegenständen und Figuren nach Aufforderung oder Orientieren im Raster. Beschränken sich die Orientierungsprobleme auf den Zahlenraum, sollten vor allem nochmals der Hunderterraum aufgebaut und seine Strukturen untersucht werden. Ein Pfeil, der die Richtungsorientierung verdeutlicht, kann über den Hunderterraum gelegt werden. Geeignete Übungen enthält das Diagnose-Förder-Material Klasse 3.

Sortieren (S. 20 bis 25)

Beim Arbeitsblatt 20 sollen die Monate in eine sinnvolle Reihenfolge gebracht werden. Manche Kinder sind noch unsicher, welcher Monat auf einen anderen folgt und der wievielte Monat es im Jahr ist. Zusätzlich können die Jahreszeiten den Monaten zugeordnet werden. Bei den Arbeitsblättern 21 bis 25 sind jeweils 12 Karten zu sortieren, wobei beim Arbeitsblatt 21 verschiedene Möglichkeiten des Sortierens gefunden werden sollen. Die Kinder könnten die Karten nach Form, nach Größe oder nach Farbe bzw. Muster der Figuren sortieren. Bei den Arbeitsblättern 22 bis 25 ist das Kriterium zum Sortieren vorgegeben und die Kinder sollen eine sinnvolle Reihenfolge herstellen. Dazu müssen sie sowohl ihre Alltagserfahrung einsetzen als auch geeignete Strategien finden, um nicht durcheinander zu kommen. Die Größe der Dreiecke von Arbeitsblatt 22 kann zum Beispiel durch Augenmaß, durch Messen einer Seitenlänge bei jedem Dreieck oder durch genaues Aufeinanderlegen jeweils zweier Karten vor einer Lichtquelle verglichen werden. Während die Aufgaben auf den Arbeitsblättern 23 und 24 die Kenntnisse der Einheiten zu Längen und Geld voraussetzen, soll die Aufgabe auf Arbeitsblatt 25 nur mithilfe der Alltagserfahrung gelöst werden. Massen wurden bisher nicht im Unterricht behandelt und trotzdem sind die Vorerfahrungen der Kinder zu Beginn der Klasse 4 wichtig. In jedem Falle sollten die Kinder eine eigene Strategie zur Bearbeitung der Aufgaben wählen und ihr Vorgehen begründen. Dadurch erhält man wichtige Informationen über Denkweisen, Kenntnisse und Vorstellungen der Kinder.

Hinweise zum Fördern. Bei auftretenden Schwierigkeiten muss unterschieden werden, ob sich diese Schwierigkeiten aus mangelnden Kenntnissen zu den Inhalten der Aufgaben oder der mangelnden Fähigkeit zum Sortieren ergeben. Im ersten Fall sollte an den Vorstellungen zu den Inhalten der betreffenden Aufgabe gearbeitet werden. Zum Beispiel können Gegenstände gemessen und dann nach ihrer Länge sortiert werden oder die Geldbeträge für einzelne Waren werden mit Münzen gelegt und erneut verglichen. Bei Schwierigkeiten im Sortieren sollten zunächst weniger Beispiele zum Sortieren verwendet werden. Das können Gegenstände aus der Umwelt sein, die abwechselnd nach Form, Farbe, Material, Verwendungszweck, Größe o. Ä. sortiert werden. Anfangs sollte auf eine Eigenschaft, später kann auf mehrere Eigenschaften gleichzeitig geachtet werden. Damit wird ebenfalls die Konzentration der Kinder geschult.

Zusammenhänge erkennen (S. 26 bis 30)

Die Bearbeitung der Aufgaben auf diesen Arbeitsblättern lässt Rückschlüsse auf das Abstraktionsvermögen zu. Beim Arbeitsblatt 26 sind Oberbegriffe zu finden, die sich einmal durch Suchen einer gemeinsamen Kategorie ergeben, ein andermal aus dem Vergleichen äußerer Merkmale. Bei den Arbeitsblättern 27 und 28 ist jeweils ein inhaltlicher Zusammenhang zwischen den Bildern in einem vorgegebenen Quadrat herzustellen. Hier gilt es ebenfalls unterschiedliche Dinge zu beachten und den Zusammenhang zu erkennen, zum Beispiel Form, Muster, Größe, Teilbarkeit u. Ä. Der Schwierigkeitsgrad wurde erhöht durch das Beachten mehrerer Eigenschaften. Eine Begründung der Kinder gibt Aufschluss darüber, ob sie alle zu beachtenden Eigenschaften erfasst und einen Zusammenhang gefunden haben. Arbeitsblatt 29 enthält Folgen, die fortgesetzt oder auf Richtigkeit überprüft werden müssen. Beim Arbeitsblatt 30 sind Zusammenhänge zwischen Zahlen und Aufgaben zu entdecken. Lösung und Begründung der Kinder zeigen, ob nur äußere Merkmale beachtet oder Beziehungen zwischen den vorgegebenen Zahlen bzw. Aufgaben hergestellt werden können.

Hinweise zum Fördern. Bei Schwierigkeiten sollten ähnliche Übungen zunächst an Gegenständen erfolgen. Die Kinder sollten lernen, dass Gegenstände nach unterschiedlichen Gesichtspunkten in Gruppen angeordnet werden können. Das kann einmal das Aussehen sein, ein andermal der Verwendungszweck. Dann sollten Übungen an geometrischen Figuren erfolgen, wobei zunächst das Identifizieren zweckmäßig ist, zum Beispiel: Mehrere Figuren sind vorgegeben, eine passt nicht richtig zu den anderen. Welche ist das? Begründe! Mehrere Figuren sind in eine Gruppe gelegt, weitere Figuren liegen ungeordnet daneben. Welche der Figuren passt noch in die Gruppe? Begründe! Die Kinder lernen durch solche Übungen auf unterschiedliche Eigenschaften zu achten und Zusammenhänge zwischen Dingen zu suchen bzw. herzustellen.

Zahlen vorstellen (S. 31 bis 32)

Voraussetzung zur Erweiterung des Zahlenraumes bis eine Million sind gut entwickelte Zahlvorstellungen bis 1000. Das bedeutet, dass die Kinder über brauchbare innere Bilder von Zahlen verfügen, die ihnen effektive Rechenstrategien ermöglichen. In Fortsetzung der Übungen aus dem Diagnose-Förder-Material der Klassen 1 bis 3 werden zur Darstellung von Zahlen solche Bilder verwendet, die die Zehnerbündelung und darüber hinaus die Kraft der Fünf zur Darstellung der Einer nutzen. An solchen Bildern lassen sich Rechenoperationen als Handlungen gut sichtbar machen. Zählende Rechner werden durch das Sehenlernen in ihrem Ablöseprozess vom Zählen unterstützt.

Mit dem Arbeitsblatt 31 werden die Zahlvorstellungen der Kinder im Tausenderraum erfasst bzw. weiterentwickelt. Bei den ersten Beispielen sind die einzelnen Elemente noch gut sicht- und zählbar. Bei den weiteren Beispielen wird zu einer einfachen und stilisierten Form der Zahldarstellung übergegangen, damit das Malen nicht Selbstzweck wird. Voraussetzung dafür ist das Erkennen und Annehmen der Struktur durch die Kinder. Es sollte auf Kinder geachtet werden, die diese Anordnungen nicht simultan erfassen können, sondern immer wieder zählend vorgegebene Anzahlen ermitteln.

Das Arbeitsblatt 32 enthält Übungen zum Verdoppeln, Halbieren, Vervielfachen und Teilen von Zahlen. Mit dieser Aufgabe werden die Vorstellungen nur auf der symbolischen Ebene abgefordert. Die Kinder sollten ihr Vorgehen zum Lösen der Aufgabe begründen, damit die Strategien sichtbar werden.

Hinweise zum Fördern. Die Arbeit mit strukturierten Mengen fördert das simultane Erfassen von Anzahlen. Die Kinder sollten anfangs häufig Zahlen mit den vorgegebenen Arbeitsmaterialien der letzten Umschlagseite legen. Gut eignen sich dafür auch Materialien aus Holz, da man dann Anzahlen tasten bzw. vorgegebene Zahlen mit geschlossenen Augen legen kann. Auf die Kraft der Fünf sollte beim Legen und Zeichnen bewusst geachtet werden. Verdoppeln, Halbieren, Vervielfachen und Teilen von Zahlen sollten ebenfalls erst auf der enaktiven Ebene mit den Arbeitsmaterialien erfolgen.

Figuren vorstellen (S. 33 bis 37)

Durch diese Arbeitsblätter werden Kenntnisse und Fähigkeiten der Kinder abgefordert, wie Körper- und Flächenformen in der Umwelt zu erkennen, passende Körpernetze zuzuordnen, Figuren von verschiedenen Seiten zu betrachten, Flächen auszulegen und Symmetrien zu erfassen. Beim Arbeitsblatt 33 sollen Karten einander zugeordnet werden nach folgendem Muster: Körper, Gegenstand mit dieser Form, passendes Körpernetz, Ansicht des Körpers von oben. Arbeitsblatt 34 zeigt Ansichten einer Figurengruppe von allen Seiten. Die Kinder müssen ihren Standort und damit ihre Sichtweise in der Vorstellung ändern und sich überlegen, wie dann die Figuren von nur einer Seite aussehen. Bei den Arbeitsblättern 35 bis 37 geht es vor allem um das Erkennen von Flächenformen. Die Beispiele von Arbeitsblatt 35 können nach dem Betrachten auch ohne sichtbare Vorlage nachgelegt werden. So erhält man Rückschlüsse auf Konzentration, Gedächtnis und Orientierung der Kinder.

Hinweise zum Fördern. Kinder, die bei diesen Aufgaben Schwierigkeiten haben, müssen vor allem Erfahrungen auf der gegenständlichen Ebene sammeln. Sie sollten Körper mit Knetmasse formen und von allen Seiten betrachten und zeichnen. Solche Knetkörper können auch durchgeschnitten und die Schnittflächen untersucht und gezeichnet werden. Erfahrungen zu Körpernetzen können Kinder aufbauen, indem sie die Netze zu Körpern durch Abrollen der Figuren herstellen bzw. aus Netzen die Körper falten.

Größen vorstellen (S. 38 bis 42)

Kinder verfügen dann über sichere Größenvorstellungen, wenn sie diese flexibel in ihrem Alltagswissen anwenden können. Es geht nicht in erster Linie um Umrechnungen. Die Arbeitsblätter 38 bis 42 enthalten Aufgaben zum Umgang mit Geld, Längen oder der Zeit, wie sie im täglichen Leben auftreten können. Welche Strategien verwenden die Kinder, wie sicher fühlen sie sich im Umgang mit Größen, welche Erfahrungen bringen sie ein? Kinder, die bei der Lösung solcher Aufgaben Probleme haben, werden später Umrechnungen nicht erfolgreich bewältigen können.

Hinweise zum Fördern. Kinder, die diese Aufgaben nicht lösen können, bringen aus ihrem Alltag keine Erfahrungen oder nur mangelhafte Übung im Umgang mit Größen mit. Sie sollten Gelegenheiten erhalten, Größen in ihrem Umfeld zu entdecken und darüber zu reflektieren, zum Beispiel: Wie viel Taschengeld erhalte ich und was kann ich mir dafür kaufen? Zu welcher Zeit kommt meine Lieblingssendung im Fernsehen und wie lange dauert sie? Wie spät ist es nach meiner Sendung? Wie lang sind die Möbel in meinem Kinderzimmer, was ist am längsten, was am kürzesten? Welche Maße an meinem Körper kann ich mir gut merken? ...

Rechnen (S. 43 bis 50)

Arbeitsblätter zum Rechnen nehmen in diesem Diagnose-Förder-Material einen breiten Raum ein. Noch immer gibt es zu Beginn der vierten Klasse zählende Rechner. Diese gilt es herauszufinden und sie über das Thematisieren effektiver Strategien vom zählenden Rechnen wegzuführen. Voraussetzung dafür sind ausreichende Zahlvorstellungen, sichere Kenntnisse des Zahlenraumes und das Erlernen des Rechnens über Handlungen.

Mit den Arbeitsblättern 43 und 44 wird die Ergänzung bis 100 bzw. bis 1000 abgefordert. Dabei gibt es einfache Beispiele mit Zehner- oder Hunderterzahlen und Beispiele mit beliebigen Zahlen. Kinder, die die Zehnerergänzung verstanden und automatisiert haben, werden mit dieser Aufgabe keine Schwierigkeiten haben. Zählende Rechner werden nicht zurecht kommen. Bei den Arbeitsblättern 45 und 46 geht es um die Rechenstrategien der Kinder im Hunderter- und im Tausenderraum. Welche Aufgaben können sie ohne zu rechnen lösen, indem sie das Zahlbildungsprinzip oder eine bekannte Einspluseinsaufgabe ausnutzen? Welche Aufgaben lösen sie durch Zerlegen einer oder beider Zahlen und welche Aufgaben lösen sie durch Rechenvorteile? Welche Aufgaben werden zählend gelöst und welche Zählstrategie kommt zum Einsatz?

Das Bearbeiten des Arbeitsblattes 47 gibt Aufschluss über Vorstellungen und Kenntnisse der Kinder im Umgang mit Platzhalteraufgaben. Dabei geht es um ein Lösen durch Zeichnen und Rechnen. Mit den Arbeitsblättern 48 bis 50 sollen die Vorstellungen und Kenntnisse der Kinder zur Rechenoperation Multiplikation erfasst werden. Können sie zu vorgegebenen Bildern passende Malaufgaben zuordnen bzw. zu Aufgaben passende Bilder zeichnen? Inwieweit ist das Einmaleins automatisiert?

Hinweise zum Fördern. *Der Ablöseprozess vom zählenden Rechnen gelingt nur über das Sichtbarmachen von Rechenstrategien an Handlungen. Solche Handlungen sollten gut überschaubar und letzten Endes gut vorstellbar sein. Dazu können die Arbeitsmaterialien der letzten Umschlagseite genutzt werden. Die Kinder sollten mit diesen Materialien zwei- und dreistellige Zahlen legen und an diesen Handlungen vornehmen, zum Beispiel: Lege 37, nimm 3 weg, lege 10 (einen Zehnerstreifen) hinzu usw. Welche Aufgaben kann ich jeweils aufschreiben? Welches Ergebnis ist zu sehen?*
Auf diese Art und Weise lernen die Kinder Handlung und Ergebnis zu sehen. Das sollte ihnen auch später in der Vorstellung gelingen, erst dann kann auf das Material verzichtet werden.

Zur Rückseite

Die Rückseite innen enthält das Arbeitsmaterial, das zum Aufbau der Tausendertafel benötigt wird.
Die Tausendertafel sollte häufig von den Kindern aufgebaut werden. Die einzelnen Hunderterquadrate werden dazu passend untereinander gelegt. Dann lässt sich die gleiche Struktur entdecken, die den Kindern schon vom Hunderterraum bekannt ist:
* Zahlen mit dem gleichen Einer stehen untereinander.
* Die Kraft der Fünf hilft beim schnellen Orientieren.
* Von links nach rechts werden die Zahlen größer.

Zur weiteren Übung können Zahlen gesucht und ihr Platz gezeigt werden. Dann lassen sich Vorgänger und Nachfolger zur gegebenen Zahl zeigen und nennen. Sinnvoll ist auch das Zählen in Zehner- oder Hunderterschritten vorwärts und rückwärts. Die Übergänge sind mit diesem Material gut zu erkennen.

Die Rückseite außen enthält das Arbeitsmaterial, das zum Legen von zwei- und dreistelligen Zahlen verwendet werden kann. Die Kinder sollten häufig aufgefordert werden, mit diesem Arbeitsmaterial Zahlen zu legen. Anhand der gelegten Zahlen können dann Größenvergleiche und Rechenoperationen sichtbar gemacht werden. Damit wird die Vorstellungsentwicklung unterstützt.